ÍNDICE

Ayudas adicionales

INTRODUCCIÓN

¡BIENVENIDO A EN LA BRECHA!

¡Bienvenido a este estudio de seis sesiones en el que usted será inspirado por las historias de héroes y heroínas de la fe, y crecerá también en su propia fe! Cada uno de los personajes nos mostrará cómo mantenernos firmes en la brecha, o cómo otros se mantuvieron en la brecha a favor de ellos. Estas personas respondieron al desafío que encontramos en Ezequiel 22:30:

"Y busqué entre ellos hombre que hiciese vallado y que se pusiese en la brecha delante de mí, a favor de la tierra, para que yo no la destruyese; y no lo hallé".

¿Qué es una brecha? Una brecha es un lugar de debilidad, vulnerabilidad y peligro. Es una lugar sin defensas donde estamos expuestos y limitados, un punto en el cual las personas enfrentan amenazas reales. Existen brechas en nuestra nación, en nuestra comunidad, y también en nuestro hogar, dentro de nuestra familia.

En el mundo se han abierto brechas inmensas. ¿Nos damos cuenta de esto? ¿Nos importa? Dios nos pregunta: "¿Estás dispuesto a ponerte en la brecha por estas personas? ¿Estás dispuesto a ponerte en la brecha en mi nombre y para mi gloria?"

¿Cuál es la clase de persona que Dios busca, el tipo de hombre o mujer, joven o mayor, que entiende el problema y tiene la valentía de dar un paso decisivo? Dios no está buscando personas que no sientan miedo. Él está buscando personas que se levanten a pesar de su miedo y se paren en la brecha para sostener a los necesitados.

¿Elegirá usted responder a este llamado y se parará en la brecha a favor de otras personas?

WILFREDO DE JESÚS
Pastor titular de New Life Covenant Church, Chicago, Illinois

EN LA BRECHA

WILFREDO DE JESÚS

QUÉ SUCEDE CUANDO EL PUEBLO DE DIOS SE MANTIENEN FIRME

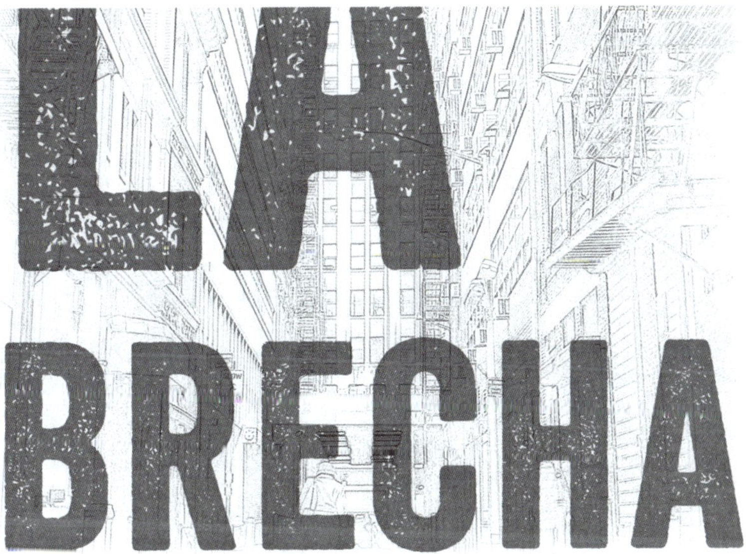

Published by Influence Resources
1445 N. Boonville Ave.
Springfield, Missouri 65802

www.InfluenceResources.com

Diseño interior por Mellowtown.com

El derecho de autor y el uso de la plantilla son propiedad de Brett Eastman.

A menos que se indique los contrario, la citas bíblicas se tomaron de la versión Reina-Valera © 1960 Sociedades Bíblicas Unidas en América Latina; © renovado 1988 Sociedades Bíblicas Unidas. Utilizado con permiso.

ISBN 978-1-62912-098-0

18 17 16 15 • 1 2 3 4

Impreso en los Estados Unidos de América

CÓMO USAR ESTA
GUÍA DE ESTUDIO

Este estudio consiste en seis sesiones, cada una se concentra en un personaje bíblico que se puso en la brecha a favor de su pueblo, obedeciendo con fe el llamado de Dios. Usted tendrá la posibilidad de aprender junto con otras personas, hablar y compartir sus propias historias de una manera que se centra en una aplicación práctica a la vida.

SESIONES

Además de esta guía de estudio, este material incluye un DVD con enseñanzas y testimonios. Cada sesión en el DVD comienza con la historia de personas que en sencillas y breves palabras comparten su testimonio de haberse parado en la brecha por alguien, o de aquellos que se pararon en la brecha a favor de ellos. Después, el autor Wilfredo De Jesús (pastor Choco) presenta un breve segmento de enseñanza acerca del personaje bíblico que inspira cada sesión de este material de estudio. Esperamos que estas historias lo inspiren, lo instruyan y lo desafíen a crecer en su relación con Dios.

En su discusión, usted escudriñará la Biblia, pero también responderá a lo que ha visto en el DVD. Use este libro como una guía, no como una camisa de fuerza. Si el grupo responde al vídeo de un modo inesperado, pero sincero, continúe por esa vía. Si usted tiene para su grupo una pregunta mejor que la que se sugiere, plantéela. Nuestra oración es que, como resultado de este estudio, usted experimente a Dios de una manera fresca y que su fe crezca de una manera asombrosa.

AYUDAS ADICIONALES

Familiarícese con las diversas ayudas que se incluyen en esta sección, a continuación de las sesiones. Considere la posibilidad de incorporar algunos de ellos en las mismas sesiones. Si usted modera o dirige un grupo pequeño, esta sección presenta sugerencias de líderes con experiencia, tanto para animarlo como para ayudarlo a evitar muchos obstáculos comunes en la dirección eficaz del grupo pequeño.

BOSQUEJO DE
CADA SESIÓN

UNA TÍPICA SESIÓN DEL GRUPO DE ESTUDIO EN LA BRECHA INCLUIRÁ LO SIGUIENTE:

VERSÍCULO DEL TEMA E INTRODUCCIÓN. Cada sesión comienza con un versículo del tema y una breve introducción basada en las reflexiones del pastor Choco en el libro *En la brecha*. Convierta en una práctica la lectura del capítulo del libro y estas reflexiones antes de cada sesión.

COMPARTA SU HISTORIA. El fundamento del crecimiento espiritual es una conexión íntima con Dios y su familia. Esa conexión se establece compartiendo su historia con algunas personas que realmente lo conocen, y que se han ganado su confianza. Esta sección incluye algunas preguntas sencillas que motivarán al grupo a iniciar una conversación, y le darán a usted la oportunidad de compartir algo de su historia, si quisiera hacerlo.

ESCUCHE LA HISTORIA DE DIOS. En esta sección, usted verá el segmento del DVD que muestra el inspirador testimonio de personas de nuestro tiempo que se han parado en la brecha. Después, usted leerá la historia de Dios en la Biblia, para descubrir los paralelos entre su experiencia y la vida de los personajes bíblicos. Cuando el estudio lo dirija, vuelva al DVD y vea un breve segmento de enseñanza dirigido por el pastor Choco.

CAMBIE SU HISTORIA. Dios desea que usted también se mantenga en la brecha. Conforme descubra estas áreas en su propia vida, tendrá la oportunidad de pedir a Dios que lo ayude a mantenerse, a orar, y a esperar en Él.

DEVOCIONES DIARIAS. Estas páginas contienen porciones bíblicas para leer y reflexionar entre cada reunión del grupo. Esta es una posibilidad de detenerse a leer sólo una pequeña parte de la Escritura cada día, y reflexionar y responder a ella en oración. No se apresure; dedique tiempo suficiente para oír la amorosa voz de Dios. Además, dedique tiempo para meditar o memorizar los versículos del tema de cada sesión. Lo animamos a cultivar este importante hábito. Los versículos para las seis sesiones aparecen en el interior de la portada.

Si usted quiere **MANTENERSE EN LA BRECHA** a favor de **PERSONAS** en su *FAMILIA* o su *COMUNIDAD*, algunas personas lo ridiculizarán, se burlarán de usted y tratarán de intimidarlo. **SU DETERMINACIÓN Y FE** las amenaza a ellas, por tanto harán cualquier cosa que puedan para hacerlo ceder...

Pero nuestra tarea es *AFERRARNOS TENAZMENTE A CRISTO*, y confiar en Él para recibir sabiduría y fuerza, y

PERMANECER FIRME

contra la tentación de ceder nuestra ética, la verdad y la visión que Dios nos ha dado

—En la brecha

SESIÓN UNO

VERSÍCULO DEL TEMA: "Y me dijeron: El remanente, los que quedaron de la cautividad, allí en la provincia, están en gran mal y afrenta, y el muro de Jerusalén derribado, y sus puertas quemadas a fuego. Cuando oí estas palabras me senté y lloré, e hice duelo por algunos días, y ayuné y oré delante del Dios de los cielos" **Nehemías 1:3–4.**

NEHEMÍAS

IDENTIFICÓ UN PROBLEMA QUE HABÍA QUE RESOLVER.

¿Qué situación le provoca inquietud, al extremo de que usted quiere tomar medidas para corregirla? Quizás Dios le ha puesto una carga por su ciudad, de proclamar el evangelio ahí. Quizás es un amigo que se ha desviado de la fe, y Dios le está pidiendo que se ponga en la brecha e interceda a favor de él, y aun que lo enfrente con amor, para hacerlo volver a la verdad.

Las lágrimas de Nehemías, su justa ira por la situación en Jerusalén, con sus muros derribados, lo motivaron a tomar medidas con gran denuedo. Valientemente respondió a lo que Dios le había revelado.

¿Hay alguna situación que hoy lo aflige? ¿Está usted dispuesto a tomar medidas para cambiar esa situación?

Esto es lo que Nehemías hizo. Y podría ser lo que Dios quiere que usted haga.

LEA *EN LA BRECHA*, CAPÍTULO 1.

COMIENCE
CON ORACIÓN.

COMPARTA SU HISTORIA

¿Qué cree usted que significa "pararse en la brecha" a favor de alguien?

Describa un momento cuando alguien intervino y marcó una diferencia a su favor en un momento difícil de su vida.

Anote cualquier pensamiento, preguntas y cosas clave que usted quiera recordar.

El Calendario de Grupo pequeño (interior de la contraportada) es un instrumento para planear quién auspiciará y conducirá cada reunión. Dedique unos minutos a designar anfitriones y líderes para las demás reuniones. ¡No pase esto por alto! Será muy motivador para su grupo.

CONVERSE ACERCA DE LO SIGUIENTE

En el primer testimonio se menciona a una persona llamada Jay y no sabemos si era seguidor de Cristo o no. ¿De qué manera Jay se paró en la brecha por la persona que nos cuenta su experiencia? ¿Es posible que alguien que no conoce a Dios pueda pararse en la brecha a nuestro favor?

¿Qué tipo de circunstancia en la vida enfrentaba la persona a quien Jay ayudó?

Después de escuchar el segundo testimonio, ¿de qué manera la acción de pararse en la brecha por alguien puede ser el puente que elimine la brecha generacional?

¿Qué podemos aprender de estas personas acerca de mantenerse firme en la brecha?

ESCUCHA LA HISTORIA DE DIOS

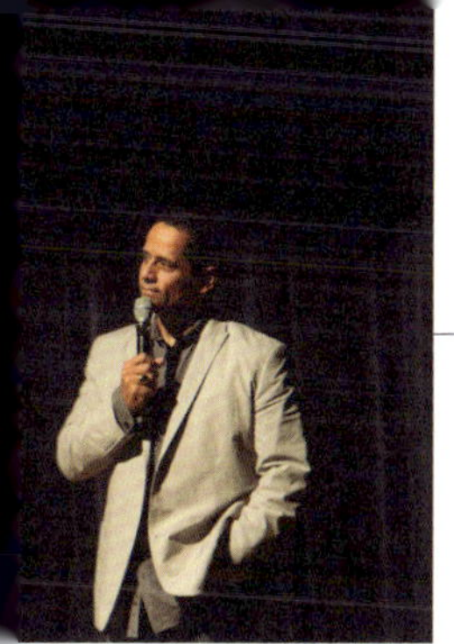

Cuando leemos las historias de las Escrituras, aprendemos cómo es Dios. Vemos la manera en que su plan se despliega, y asimilamos principios para nuestra propia vida.

Como primer ejemplo bíblico de alguien que estuvo firme en la brecha, Nehemías nos muestra que debemos identificar un problema para después buscarle solución.

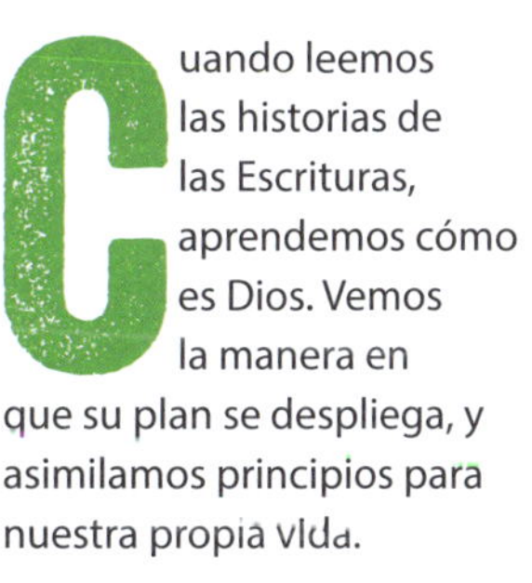

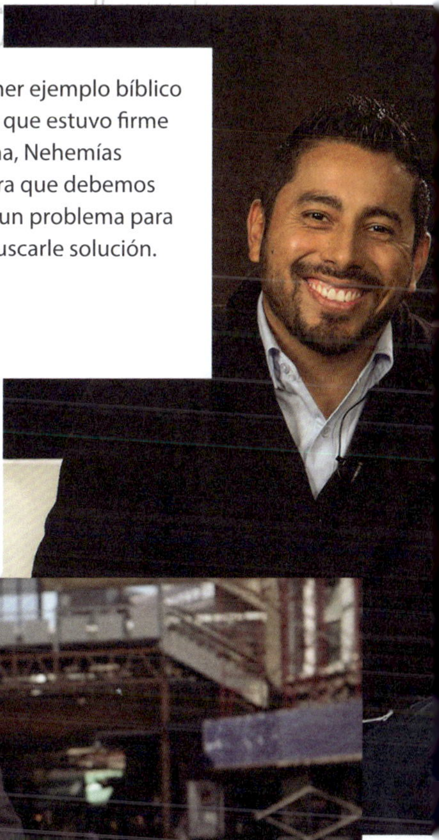

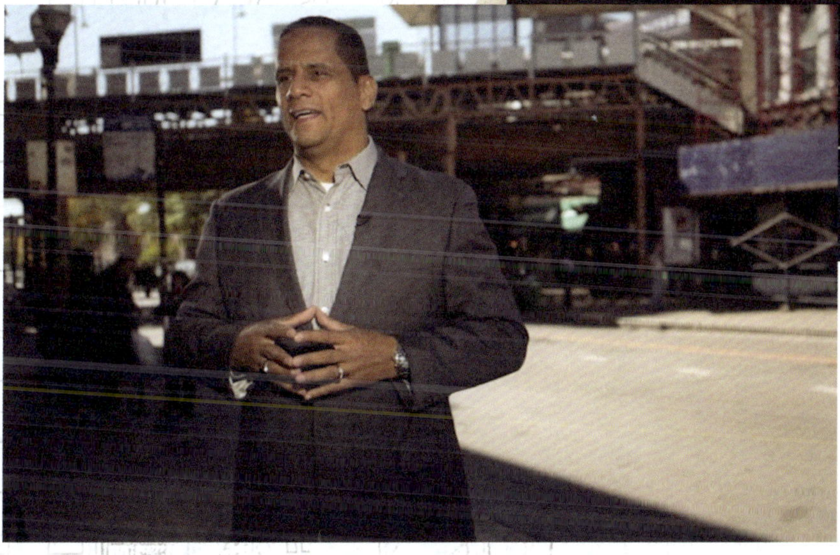

LA BRECHA ES UN **LUGAR DE DEBILIDAD**,

VULNERABILIDAD, Y PELIGRO—

UN LUGAR DONDE LAS AMENAZAS SON **REALES**.

Anote cualquier pensamiento, preguntas y cosas
clave que usted quiera recordar.

CONVERSE ACERCA DE LO SIGUIENTE

En el vídeo, el pastor Choco dijo: "Cuando Nehemías recibió reve-
lación, también se dio cuenta de que tenía una responsabilidad".
¿Qué le fue revelado a Nehemías?

¿Qué responsabilidad tomó él?

LEA NEHEMÍAS 1:1–11

Si usted le hablara de Nehemías a un amigo cercano, ¿cómo lo describiría?

¿Cuál fue la reacción inicial de Nehemías cuando se enteró de los problemas en Jerusalén? ¿Qué hizo él? (Véase el versículo 4 y los versículos siguientes.)

¿Qué representó para Nehemías el muro derribado de Jerusalén? ¿Por qué él su preocupó tanto?

LEA NEHEMÍAS 2:1–10

Nehemías oró, y su oración lo llevó a desarrollar un plan. ¿De qué manera Nehemías se paró en la brecha?

El pastor Choco nos recordó que cuando tratamos de reconstruir muros, encontramos desafíos. ¿Qué muros ha tratado usted de reconstruir, y que desafíos han surgido en ese proceso?

LEA NEHEMÍAS 4:7–18

¿Cómo manejó Nehemías el potencial ataque de sus enemigos?

¿De qué maneras nos podemos preparar para los ataques que enfrentamos cuando estamos en la brecha?

CAMBIE SU HISTORIA

DIOS QUIERE QUE SEAMOS PARTE DE SU REINO, PARA ENTRETEJER NUESTRA HISTORIA CON LA SUYA. A TRAVÉS DE DECISIONES PEQUEÑAS Y SENCILLAS, COMENZAMOS A CAMBIAR NUESTRO RUMBO. EL ESPÍRITU SANTO NOS AYUDA A IDENTIFICAR LAS BRECHAS EN NUESTRA VIDA, Y LUEGO NOS DA LA FUERZA PARA MANTENERNOS FIRMES EN ESAS BRECHAS.

Nehemías entendió una profunda verdad: si usted está experimentando una gran dificultad, y está listo para emprender una gran tarea, entonces necesita el poder del poderoso Dios. ¿Cómo puede aplicar esta sabia conclusión a su vida mientras se mantiene firme en la brecha?

REFLEXIÓN
PERSONAL

Nehemías nos muestra la importancia de identificar el problema que debemos resolver. ¿Dónde le pide Dios que usted vaya en fe para ponerse en la brecha, y comenzar a reparar algo que está destruido?

ORACIÓN
TODOS JUNTOS

Medite en la oración que leemos en Nehemías 1:5–11. Él comienza con alabanza, luego confesión, y termina con su petición. Encuentre cada uno de estos elementos en el texto. ¿Cómo podemos usar esta oración como un modelo para nuestra propia oración respecto a situaciones en nuestra vida que requieren que nos paremos en la brecha?

¿Hay algo específico por lo que el grupo pueda orar a su favor? (Añada aquí las peticiones de otras personas.)

CONCLUYA EN ORACIÓN.

Rosehill Ce
Logan Squar
Downtow

DEVOCIONES
DIARIAS

“Y ME DIJERON: EL REMANENTE, LOS QUE QUEDARON DE LA CAUTIVIDAD, ALLÍ EN LA PROVINCIA, ESTÁN EN GRAN MAL Y AFRENTA, Y EL MURO DE JERUSALÉN DERRIBADO, Y SUS PUERTAS QUEMADAS A FUEGO. CUANDO OÍ ESTAS PALABRAS ME SENTÉ Y LLORÉ, E HICE DUELO POR ALGUNOS DÍAS, Y AYUNÉ Y ORÉ DELANTE DEL DIOS DE LOS CIELOS” **NEHEMÍAS 1:3–4.**

El desarrollo de nuestra capacidad de seguir la dirección del Espíritu Santo requiere de tiempo y persistencia. Aprendemos cómo mantenernos firme en la brecha día a día, mientras:

ORAMOS. Comprométase a la oración personal y a la conexión diaria con Dios. (Tal vez sea provechoso que escriba sus oraciones en un diario.) Procure también orar por las peticiones de otras personas de su grupo pequeño.

MEMORIZAR. Reflexione en lo que Dios le diga acerca de mantenerse en la brecha a favor de otros, aprendiendo un pasaje de las Escrituras como el Versículo del Tema de la sesión anterior.

TENEMOS DEVOCIONES DIARIAS. Complete la sección de devociones diarias. Cada día, leerá sólo una parte de un pasaje de las Escrituras. Considere en oración lo que Dios le dice. ¡No hay prisa! Piense y reflexione. Después, escriba sus pensamientos, impresiones u oración en la sección Reflexión, bajo los versículos que lea. El sexto día, escriba un resumen de lo que ha aprendido en este estudio y que lo ha ayudado a ponerse en la brecha a favor de alguien.

DEVOCIONES
DIARIAS

Día 1.

NEHEMÍAS 1:5

"Te ruego, oh Jehová, Dios de los cielos, fuerte, grande y temible, que guarda el pacto y la misericordia a los que le aman y guardan sus mandamientos".

REFLEXIONE:

Nehemías comienza su oración reconociendo el poder de Dios y rememorando su pacto con Israel. ¿Por qué es importante comenzar nuestras oraciones con un enfoque en la misericordia de Dios?

Día 2.

NEHEMÍAS 1:6–7

"Esté ahora atento tu oído y abiertos tus ojos para oír la oración de tu siervo, que hago ahora delante de ti día y noche, por los hijos de Israel tus siervos; y confieso los pecados de los hijos de Israel que hemos cometido contra ti; sí, yo y la casa de mi padre hemos pecado. En extremo nos hemos corrompido contra ti, y no hemos guardado los mandamientos, estatutos y preceptos que diste a Moisés tu siervo".

REFLEXIONE:

¿Por qué es tan importante la confesión cuando le pedimos a Dios que nos ayude a arreglar lo que está destruido?

Día 3.

NEHEMÍAS 1:8–9

"Acuérdate ahora de la palabra que diste a Moisés tu siervo, diciendo: Si vosotros pecareis, yo os dispersaré por los pueblos; pero si os volviereis a mí, y guardareis mis mandamientos, y los pusiereis por obra, aunque vuestra dispersión fuere hasta el extremo de los cielos, de allí os recogeré, y os traeré al lugar que escogí para hacer habitar allí mi nombre".

REFLEXIONE:

Nehemías recuerda las promesas de Dios y las menciona ante Él. ¿Qué promesas necesita usted recordar? ¿En qué ámbito se siente desanimado y abandonado, como Israel se sintió en ese tiempo?

Día 4.

NEHEMÍAS 1:10

"Ellos, pues, son tus siervos y tu pueblo, los cuales redimiste con tu gran poder, y con tu mano poderosa".

REFLEXIONE:

Nehemías ora nuevamente de una manera que glorifica a Dios, lo honra y lo alaba por su fuerza, y reconoce que Él es mayor que nosotros, sus siervos.

Día 5.

NEHEMÍAS 1:11

"Te ruego, oh Jehová, esté ahora atento tu oído a la oración de tu siervo, y a la oración de tus siervos, quienes desean reverenciar tu nombre; concede ahora buen éxito a tu siervo, y dale gracia delante de aquel varón".

REFLEXIONE:

¿Qué pide Nehemías cuando finalmente llega a la parte de su oración donde presenta sus peticiones?

Día 6.

RESUMEN

En el espacio a continuación escriba cualquier pensamiento que Dios ha puesto en su corazón y mente acerca de cómo y dónde debe usted ponerse en la brecha, por usted mismo y por otros.

ACCIÓN

¿Cómo pondrá en acción estas reflexiones?

SESIÓN DOS

VERSÍCULO DEL TEMA: "Entonces dijo Mardoqueo que respondiesen a Ester: No pienses que escaparás en la casa del rey más que cualquier otro judío. Porque si callas absolutamente en este tiempo, respiro y liberación vendrá de alguna otra parte para los judíos; mas tú y la casa de tu padre pereceréis. ¿Y quién sabe si para esta hora has llegado al reino?" **Ester 4:13–14.**

ESTER

COMPRENDIÓ SUS TIEMPOS.

Imagine que usted es una mujer joven, posiblemente una adolescente, que vive como extranjera en un país poco amistoso. Ahora imagine que es conducida al palacio del rey, sin derecho a una opinión al respecto. Ester podría haber pensado de sí como una víctima.

Después, Ester fue escogida para ser la reina del país. Ella pasó de no tener casi nada a tenerlo todo, para luego arriesgar perderlo todo. Sin embargo, Dios le pidió que se considerara como una heroína —alguien que podría usar sus extraordinarias circunstancias para ponerse en la brecha a favor de otros — a verse a sí misma como una mujer poderosa, no impotente.

¿Podría Dios pedirle que haga lo mismo, que sea una voz para quien no tiene ninguna? ¿Intervenir para ayudar a otros que lo necesitan? ¿A favor de quién le ha pedido Dios que se ponga en la brecha con ese valor que mostró Ester cuando dijo: "Si perezco, que perezca"?

LEA *EN LA BRECHA*, CAPÍTULO 2.

COMIENCE CON ORACIÓN.

Al pensar en la última sesión acerca de Nehemías, ¿qué idea le llamó la atención? ¿Cómo lo ha afectado?

Hoy, hablamos de Ester. ¿Se ha encontrado alguna vez en una situación imprevista, dónde tuvo que "intervenir" y ser valeroso? ¿Qué sucedió?

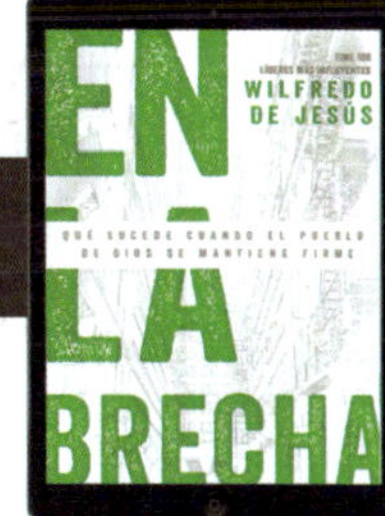

Anote cualquier pensamiento, preguntas y cosas clave que usted quiera recordar.

CONVERSE ACERCA DE LO SIGUIENTE

¿Cuál de los dos testimonios de esta sesión es más significativo para usted? ¿Por qué?

Como Ester y su primo, Mardoqueo, una de las personas recuerda haberse puesto en la brecha a favor de su hermano menor. ¿Qué lo motivó a tal acción a favor de su hermano? ¿De qué manera Dios mismo se puso en la brecha por él?

¿Qué podemos aprender de estas personas acerca de ponerse en la brecha a favor de otros?

ESCUCHE LA HISTORIA DE DIOS

¿Cómo podemos llegar a ser parte de la historia de Dios? Al alinear nuestra historia con la suya. Como ejemplo bíblico, Ester nos muestra cómo ser una voz para el que no la tiene, aunque al hacerlo arriesgó su vida.

Anote cualquier pensamiento, preguntas y cosas clave que usted quiera recordar.

____

____

____

____

____

____

____

____

CONVERSE ACERCA DE LO SIGUIENTE

En el vídeo, el pastor Choco dijo que el libro de Ester es extraño porque no se menciona el nombre de Dios, pero su providencia es evidente en la historia de Ester. ¿Por qué cree que Dios optó por permanecer anónimo en este libro?

LEA ESTER 4:7–17

¿Qué amenaza enfrentaron los judíos en esta historia?

Ester fue desafiada a intervenir, y ponerse en la brecha a favor de su pueblo. ¿Cuál fue la primera reacción de ella?

¿Qué arriesgaba Ester al dirigirse a hablar con el rey? ¿Qué le recuerda Mardoqueo a Ester, acerca de lo que ella realmente arriesgaba si no hablaba con el rey?

En este pasaje, vemos un cambio en Ester. En vez de sólo aceptar las instrucciones de Mardoqueo, ella asume un papel de liderazgo y le dice a él qué debe hacer. ¿Qué habrá provocado este cambio?

LEA ESTER 7:1–6

En el banquete con el rey y Amán, el enemigo de los judíos, ¿cómo se puso Ester en la brecha a favor de su pueblo?

En su libro *En la brecha*, el pastor Choco dice: "Dios no usó a alguien con un excelente historial, que había llevado una vida pura, y que siempre había obedecido fielmente. Dios usó a alguien que tenía profundos defectos, cuyas prioridades estaban divididas, y ni siquiera estaba consciente del problema hasta que alguien le habló de él."

¿De qué manera nos inspira ejemplo de Ester?

CAMBIE SU HISTORIA

DIOS QUIERE QUE SEAMOS PARTE DE SU REINO, PARA ENTRELAZAR NUESTRA HISTORIA CON LA DE ÉL. EL ESPÍRITU SANTO NOS AYUDA A IDENTIFICAR LAS BRECHAS EN LA VIDA DE OTROS, Y LUEGO NOS DA LA FUERZA PARA MANTENERNOS FIRMES EN ESAS BRECHAS.

Ester comprendió su tiempo. Cuando el pueblo enfrentó la muerte, Ester pudo pasar por alto la situación, o sencillamente sentarse a esperar cómo se desencadenaban los acontecimientos. Pero no hizo tal cosa. Comparta con el grupo sobre alguna ocasión en que, como Ester, alguien lo desafió a ponerse en la brecha cuando no quería hacerlo. ¿Qué sucedió entonces?

REFLEXIÓN
PERSONAL

En su libro, el pastor Choco nos recuerda que, como Ester, podríamos estar en una encrucijada entre la necesidad desesperada de alguien y el deseo de Dios de usarnos. Sin embargo, la gente presenta excusas, culpa a otros por no tomar medidas, o hasta minimiza o niega que el problema exista. ¿Qué le impide ponerse en la brecha a favor de otros?

ORACIÓN
TODOS JUNTOS

Examine las instrucciones de Ester para los judíos en Ester 4:15,16. ¿Por qué Ester pidió a Mardoqueo que dijera a todos los judíos en la ciudad que ayunaran?

Juntos, a través del ayuno y la oración, ellos vieron la obra de Dios en una situación imposible. ¿Hay algo específico por lo que el grupo pueda orar a su favor? (Añada aquí las peticiones de otras personas.)

CONCLUYA CON ORACIÓN.

DEVOCIONES
DIARIAS

"NO PIENSES QUE ESCAPARÁS EN LA CASA DEL REY MÁS QUE CUALQUIER OTRO JUDÍO. PORQUE SI CALLAS ABSOLUTAMENTE EN ESTE TIEMPO, RESPIRO Y LIBERACIÓN VENDRÁ DE ALGUNA OTRA PARTE PARA LOS JUDÍOS; MAS TÚ Y LA CASA DE TU PADRE PERECERÉIS. ¿Y QUIÉN SABE SI PARA ESTA HORA HAS LLEGADO AL REINO?" **ESTER 4:13-14.**

El desarrollo de nuestra capacidad de seguir la dirección del Espíritu Santo requiere de tiempo y persistencia. Aprendemos cómo mantenernos firme en la brecha día a día, mientras:

ORAMOS. Comprométase a la oración personal y a la conexión diaria con Dios. (Tal vez sea provechoso que escriba sus oraciones en un diario.) Procure también orar por las peticiones de otras personas de su grupo pequeño.

MEMORIZAMOS. Reflexione en lo que Dios le diga acerca de mantenerse en la brecha a favor de otros, aprendiendo un pasaje de las Escrituras como el Versículo del Tema de la sesión anterior.

TENEMOS DEVOCIONES DIARIAS. Complete la sección de devociones diarias. Cada día, leerá sólo una parte de un pasaje de las Escrituras. Considere en oración lo que Dios le dice. ¡No hay prisa! Piense y reflexione. Después, escriba sus pensamientos, impresiones u oración en la sección Reflexión, bajo los versículos que lea. El sexto día, escriba un resumen de lo que ha aprendido en este estudio y que lo ha ayudado a ponerse en la brecha a favor de alguien.

DEVOCIONES DIARIAS

Día 1.

SALMO 18:25–26

"Con el misericordioso te mostrarás misericordioso, y recto para con el hombre íntegro. Limpio te mostrarás para con el limpio, y severo serás para con el perverso".

REFLEXIONE:

¿Qué atributos de Dios nos invita a imitar este pasaje?

Día 2.

SALMO 18:27

"Porque tú salvarás al pueblo afligido, y humillarás los ojos altivos".

REFLEXIONE:

¿Cómo podemos ser humildes y fuertes al mismo tiempo? ¿Por qué nos fortalece el hecho de que Dios nos salve?

Día 3.

SALMO 18:28

"Tú encenderás mi lámpara; Jehová mi Dios alumbrará mis tinieblas".

REFLEXIONE:

Este versículo usa una metáfora de alumbrar y una lámpara. ¿Qué cree que usted que esto simboliza? ¿Qué significa que Dios mantenga nuestra lámpara encendida?

Día 4.

SALMO 18:29

"Contigo desbarataré ejércitos, y con mi Dios asaltaré muros".

REFLEXIONE:

¿Para qué tarea imposible necesita usted la ayuda de Dios justo? ¿Qué batalla necesita que Él combata a su favor?

Día 5.

SALMO 18:30

"En cuanto a Dios, perfecto es su camino, y acrisolada la palabra de Jehová;
Escudo es a todos los que en él esperan".

REFLEXIONE:

¿Qué promesa nos da este versículo? ¿Cómo podemos encontrar ese "refugio" del que habla este versículo? (Pista: Véase el comienzo del versículo.)

Día 6.

RESUMEN

En el espacio a continuación escriba cualquier pensamiento que Dios ha puesto en su corazón y mente acerca de cómo y dónde debe usted ponerse en la brecha, por usted mismo y por otros.

ACCIÓN

¿Cómo pondrá en acción estas reflexiones?

SESIÓN TRES

NOÉ

SE LO JUGÓ EL TODO POR EL TODO, SIN IMPORTARLE EL PRECIO.

Suponga que usted ha oído un mensaje claro de parte de Dios. Éste requiere obediencia y riesgo totales. La confirmación de que usted verdaderamente oyó a Dios, y ha hecho lo recto se manifiesta... ¡120 años más tarde!

¿Permanecería usted fiel? ¿Seguiría creyendo, obedeciendo, y haciendo lo que Dios le había dicho? ¿Haría usted caso omiso de la burla de los demás, y las dudas en su propia mente?

Esto es lo que le sucedió a Noé. Sin embargo, él se entregó de manera total, a pesar del precio. Él se puso en la brecha a favor de una generación maligna, les ofreció la posibilidad de arrepentirse y recibir la gracia de Dios. Ninguno de ellos le prestó atención, se burlaron de sus ideas y sus acciones: construir un arca en el desierto, y prepararse para un diluvio que ellos

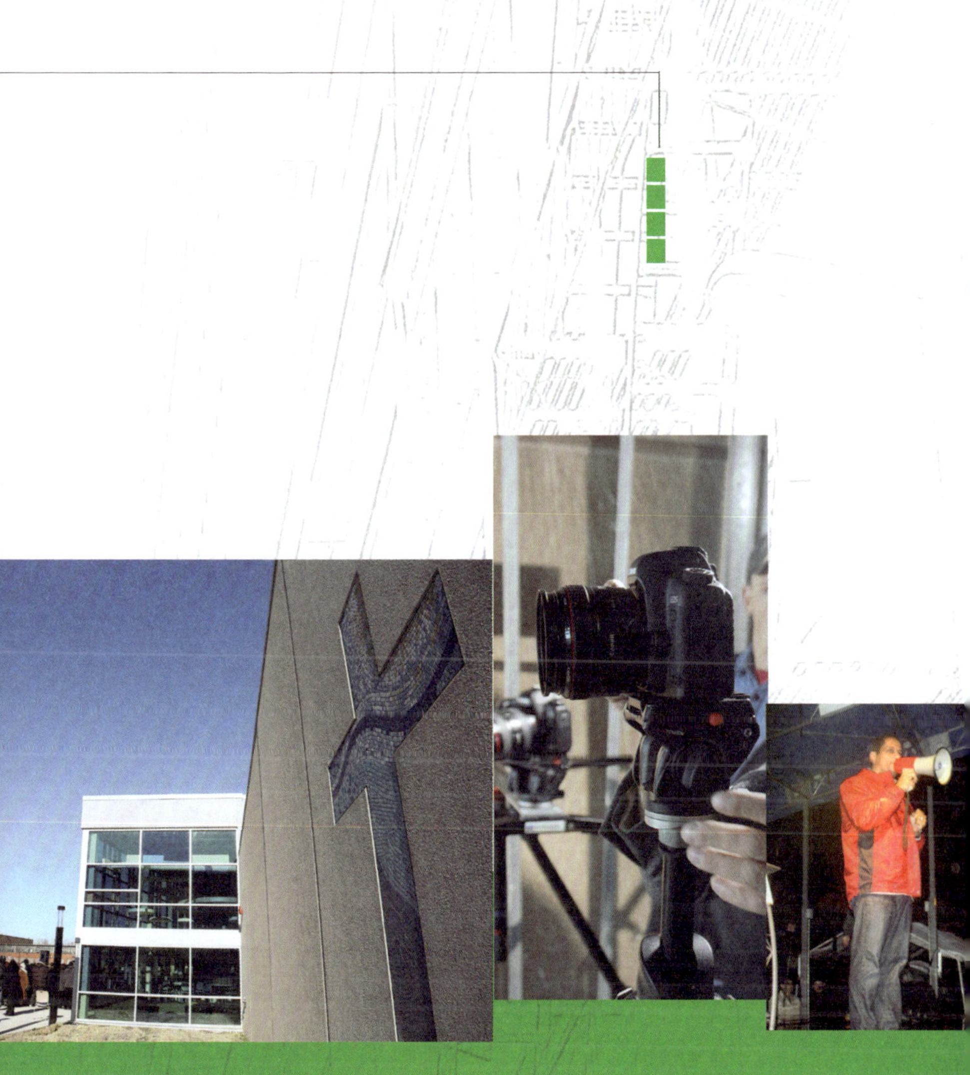

estaban seguros nunca acontecería.
La gente no imaginaba la catástrofe
que se avecinaba. Y puede ser que
usted esté en la brecha a favor de
alguien, tal vez un miembro de la
familia o un amigo. Ellos no tienen
ni idea de la calamidad que puede
estar a la vuelta de la esquina en
su vida, pero usted la ve venir. Se
avecinan las consecuencias de la
adicción, la decadencia moral, y el
pecado habitual. Usted ora por ellos,
esperando que se vuelvan antes de
que choquen contra la pared.

Como Noé, ¿está usted dispuesto
a entregarse de manera total,
aun cuando afronte la burla o
aparentemente sea el único que
obedece a Dios? ¿Quién sabe? Tal
vez usted será una bendición para
generaciones futuras, tal como Noé
lo fue.

Estar *EN LA BRECHA* a favor de la gente puede ser INSPIRADOR para otros. El compartir nuestra HISTORIA PERSONAL establece CONEXIONES más profundas entre los miembros del grupo. USE ESTE TIEMPO para COMPARTIR SU HISTORIA de cómo Dios obra a través de SU VIDA.

COMIENCE CON ORACIÓN.

¿Ha recibido alguna vez usted, o alguien que conoce, lo que parecía una extraña tarea de parte de Dios? ¿Qué sucedió?

Comparta acerca de una ocasión en que usted tuvo que comprometerse de manera total en una misión, un proyecto o una empresa arriesgada. ¿Qué sucedió?

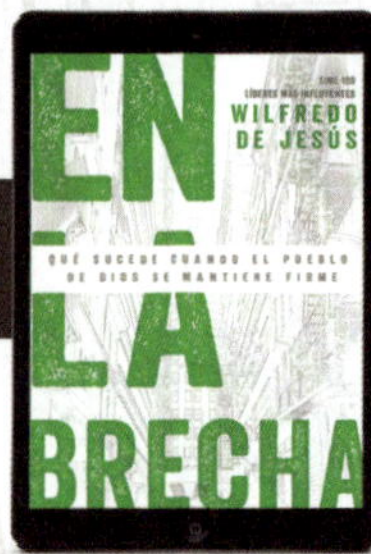

Anote cualquier pensamiento, preguntas y cosas clave que usted quiera recordar.

CONVERSE ACERCA DE LO SIGUIENTE

¿De qué manera la definición de lo que es una brecha se cumple en el testimonio que se presenta en esta sesión? La brecha: un lugar de debilidad, vulnerabilidad, y peligro; un lugar donde las amenazas son reales.

¿Qué nos enseña el testimonio de esta persona acerca de ponerse en la brecha?

ESCUCHE LA HISTORIA DE DIOS.

CUANDO LEEMOS LAS HISTORIAS DE LAS ESCRITURAS, APRENDEMOS CÓMO ES DIOS. VEMOS CÓMO SU PLAN SE DESPLIEGA, Y ADOPTAMOS PRINCIPIOS PARA NUESTRA PROPIA VIDA.

Noé se mantuvo en la brecha con rectitud, aunque la gente lo ridiculizó, y pensó que era imposible que su advertencia fuera válida. Él nos muestra cómo ser piadosos en medio de una generación impía.

Anote cualquier pensamiento, preguntas y cosas clave que usted quiera recordar.

CONVERSE ACERCA DE LO SIGUIENTE

¿Cuáles tres arcas se mencionan en la Biblia? ¿Cuál es la importancia de cada una?

El pastor Choco contó su propia historia de personas que se burlaron de él porque hizo lo que Dios le pidió. ¿De qué manera nos anima su historia?

LEA GÉNESIS 6:5–22

¿De qué manera la cultura de los días de Noé se asemeja a la nuestra? ¿De qué maneras es diferente?

Imagínese a usted en la historia como uno de los hijos o las nueras de Noé. ¿Qué pensaría y sentiría usted cuando oye por primera vez el plan de Noé? ¿Cómo se sentiría usted cuando no tienen más opción que ayudar a construir el arca? ¿Cómo se sentiría cuando está a bordo y la lluvia comienza a caer?

LEA SANTIAGO 1:2–8

Noé fue fiel durante 120 años de duro trabajo. ¿Qué promesa hay en este pasaje que nos ayuda a ser fieles?

¿Qué cree usted que significa ser de "doble ánimo"? ¿Por qué esto es un impedimento para la entrega total de nuestra fe?

CAMBIE SU HISTORIA

DIOS QUIERE QUE SEAMOS PARTE DE SU REINO, PARA ENTRELAZAR NUESTRA HISTORIA CON LA DE ÉL. ESTO SIGNIFICARÁ UN CAMBIO, CUMPLIR SU VOLUNTAD ANTES QUE LA NUESTRA. EL ESPÍRITU SANTO NOS AYUDARÁ A LO LARGO DEL CAMINO, NOS DESAFIARÁ A AMAR NO SÓLO A AQUELLOS ALREDEDOR NUESTRO, SINO TAMBIÉN A QUIENES ESTÁN LEJOS DE DIOS.

Noé nos muestra que podemos esperar oposición y burla de parte de otros, incluso de aquellos que pensamos que apoyarían y apreciarían nuestro esfuerzo. Noé no imaginaba cuánto tendría que sacrificar cuando dijo sí a Dios. Pero no le importó. Él se entregó de manera total. ¿En qué ámbito le pide Dios que, como Noé, usted se entregue de manera plena?

REFLEXIÓN
PERSONAL

CARÁCTER ES LO QUE SOMOS CUANDO NADIE NOS OBSERVA. REPUTACIÓN ES LA PERCEPCIÓN QUE LA GENTE TIENE DE NUESTRO CARÁCTER. DIOS ESTÁ MUCHO MÁS INTERESADO EN NUESTRO CARÁCTER QUE EN NUESTRA REPUTACIÓN. SI SOMOS SABIOS, TENDREMOS LA MISMA PRIORIDAD.

¿Qué aspecto de su vida debe cambiar para que sea más como Noé, que anduvo fielmente con Dios?

ORACIÓN
TODOS JUNTOS

La incredulidad dice: "No quiero creer; estoy contento en las tinieblas", mientras que la duda dice: "Quiero ver la luz". ¿Dónde está usted en su lucha con la duda en cuanto a los propósitos de Dios? Comparta, luego oren unos por los otros.

¿Hay algo específico por lo que el grupo pueda orar a su favor? (Añada aquí las peticiones de otras personas.)

CONCLUYA CON ORACIÓN.

DEVOCIONES
DIARIAS

"Y LO HIZO ASÍ NOÉ; HIZO CONFORME A TODO LO QUE DIOS LE MANDÓ" GÉNESIS 6:22.

El desarrollo de nuestra capacidad de seguir la dirección del Espíritu Santo requiere de tiempo y persistencia. Aprendemos cómo mantenernos firme en la brecha día a día, mientras:

ORAMOS. Comprométase a la oración personal y a la conexión diaria con Dios. (Tal vez sea provechoso que escriba sus oraciones en un diario.) Procure también orar por las peticiones de otras personas de su grupo pequeño.

MEMORIZAMOS. Reflexione en lo que Dios le diga acerca de mantenerse en la brecha a favor de otros, aprendiendo un pasaje de las Escrituras como el Versículo del Tema de la sesión anterior.

TENEMOS DEVOCIONES DIARIAS. Complete la sección de devociones diarias. Cada día, leerá sólo una parte de un pasaje de las Escrituras. Considere en oración lo que Dios le dice. ¡No hay prisa! Piense y reflexione. Después, escriba sus pensamientos, impresiones u oración en la sección Reflexión, bajo los versículos que lea. El sexto día, escriba un resumen de lo que ha aprendido en este estudio y que lo ha ayudado a ponerse en la brecha a favor de alguien.

DEVOCIONES
DIARIAS

Día 1.

SALMO 34:4

"Busqué a Jehová, y él me oyó, y me libró de todos mis temores".

REFLEXIONE:

¿Qué temores amenazan su vida ahora mismo? Pida a Dios que lo libere.

Día 2.

SALMO 34:5

"Los que miraron a él fueron alumbrados, y sus rostros no fueron avergonzados".

REFLEXIONE:

¿En qué ámbito lucha usted con la vergüenza o se siente incompetente? ¿Qué nos dice este versículo acerca de lo que podemos hacer para huir de la vergüenza?

Día 3.

SALMO 34:6

"Este pobre clamó, y le oyó Jehová, y lo libró de todas sus angustias".

REFLEXIONE:

¿Qué promesas encontramos en este versículo? ¿Qué problemas está enfrentando del cual necesita que Dios lo rescate?

Día 4.

SALMO 34:7

"El ángel de Jehová acampa alrededor de los que le temen, y los defiende".

REFLEXIONE:

¿Qué nos dice este versículo acerca de la protección de Dios para aquellos que Él ama?

Día 5.

SALMO 34:8

"Gustad, y ved que es bueno Jehová; dichoso el hombre que confía en él".

REFLEXIONE:

¿Cómo puede usted "gustar" a Dios? ¿Cómo puede refugiarse en Él? ¿Cuál es un paso que usted puede dar para confiar más en Él?

Día 6.

RESUMEN

En el espacio a continuación escriba cualquier pensamiento que Dios ha puesto en su corazón y mente acerca de cómo y dónde debe usted ponerse en la brecha, por usted mismo y por otros.

ACCIÓN

¿Cómo pondrá en acción estas reflexiones?

VERSÍCULO DEL TEMA: "Fuese león, fuese oso, tu siervo lo mataba; y este filisteo incircunciso será como uno de ellos, porque ha provocado al ejército del Dios viviente. Añadió David: Jehová, que me ha librado de las garras del león y de las garras del oso, él también me librará de la mano de este filisteo. Y dijo Saúl a David: Ve, y Jehová esté contigo" **1 Samuel 17:36-37.**

DAVID

FUE UNGIDO POR DIOS PARA HACER UNA OBRA.

Hay momentos cuando la vida parece un campo de batalla. Nos sentimos atacados y vulnerables, al luchar contra cosas demasiado grandes que no podemos manejar. La verdad es que no podemos luchar con nuestras propias fuerzas. Necesitamos la ayuda de Dios, y Él quiere ayudarnos. Si somos fieles y obedientes, nos asombraremos de la fuerza y poder que Él nos da para luchar aun contra los enemigos más poderosos.

Cuando sabemos que es Dios quien nos equipa y que otros están en la brecha a nuestro favor, tenemos plena confianza de que triunfaremos sobre las dificultades en nuestra vida. ¿En que ámbito está usted confiando en Dios para alcanzar la victoria?

LEA *EN LA BRECHA*, CAPÍTULO 4.

COMIENCE
CON ORACIÓN.

La Biblia está llena de historias de guerreros que lucharon en el nombre de Dios. ¿Qué cree que significa hoy ser un guerrero de Dios?

COMPARTA SU HISTORIA

EN ESTA SESIÓN, HABLAMOS DE DAVID. DESPUÉS DE HABER SIDO UN DON NADIE —MENOSPRECIADO, Y ABANDONADO— HASTA QUE SE ENFRENTÓ A GOLIAT.

¿En qué ámbito de su vida siente usted como si estuviera bajo ataque?

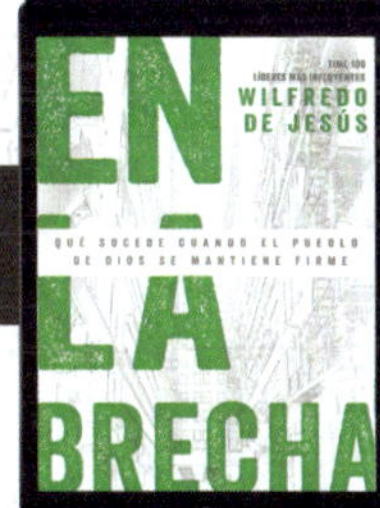

Anote cualquier pensamiento, preguntas y cosas clave que usted quiera recordar.

CONVERSE ACERCA DE LO SIGUIENTE

Un hombre joven dice acerca de su vida anterior: "Yo era un rumbero de la calle, me gustaba la salsa, me gustaba la rumba", y señala que la persona más impredecible se paró en la brecha a su favor. ¿Qué características de esta persona la hacía impredecible para realizar esta labor?

¿Qué enseñanza podemos extraer de este testimonio?

PASTOR
8

Cómo podemos llegar a ser parte de la historia de Dios? Al alinear nuestra historia con la suya.

Como ejemplo bíblico, David nos muestra que la obra social tiene que ser más que un pasatiempo para los creyentes.

Anote cualquier pensamiento, preguntas y cosas clave que usted quiera recordar.

CONVERSE ACERCA DE LO SIGUIENTE

El pastor Choco pregunta: "¿Cuál es el gigante con el que Dios le pide a usted que luche?" ¿Cómo respondería a esta pregunta en su vida?

¿De qué manera se burló Goliat de los soldados israelitas?

David entra en la escena y se ofrece para luchar contra el gigante. ¿Qué desventajas tenía David al entrar en esta batalla? ¿Cuáles eran sus ventajas?

En el vídeo, el pastor Choco habló de cómo las experiencias en la "privacidad" de David como pastor de ovejas, cuando luchó con un león y un oso, lo prepararon para su batalla pública con Goliat. ¿Qué experiencias le ha dado Dios a usted ahora mismo que le podrían servir como preparación para otras experiencias públicas en el futuro?

En el versículo 47, David proclamó: "Y sabrá toda esta congregación que Jehová no salva con espada y con lanza; porque de Jehová es la batalla, y él os entregará en nuestras manos". La mayoría de nosotros no participamos en el combate con espada o lanza. ¿Qué nos da el Señor para usar en la batalla?

CAMBIE SU HISTORIA

DIOS QUIERE QUE SEAMOS PARTE DE SU REINO, PARA ENTRELAZAR NUESTRA HISTORIA CON LA DE ÉL. EL ESPÍRITU SANTO NOS AYUDA A IDENTIFICAR LAS BRECHAS EN LA VIDA DE LOS DEMÁS, Y LUEGO NOS DA LA FUERZA PARA MANTENERNOS FIRMES EN ELLAS.

Dios ungió a David para cumplir una tarea. David demostró cómo nosotros podemos participar en los grandes problemas de nuestro tiempo por la razón correcta: porque representamos al Rey y sus propósitos sobre la tierra. Describa a alguien que lo ha impresionado por afirmar en público lo que es correcto.

REFLEXIÓN
PERSONAL

El pastor Choco habló acerca de la preparación privada para las batallas públicas. ¿Qué prácticas espirituales tiene que añadir usted a su vida, de modo que esté preparado para las futuras batallas?

LEA EFESIOS 6:10-20

David sabía exactamente que armas necesitaba para vencer a Goliat. Haga una lista de las partes de la armadura que se describen en este pasaje. Luego, anote o comparta cómo cada una de ellas lo ayudaría a enfrentar a los gigantes en su vida.

ORACIÓN
TODOS JUNTOS

En el vídeo, el pastor Choco nos recordó que ponerse en la brecha significa ser vulnerable, asumir un riesgo. ¿De qué manera Dios lo ha llamado a ponerse en la brecha?

¿Hay algo específico por lo que el grupo pueda orar a su favor? (Añada aquí las peticiones de otras personas.)

CONCLUYA CON ORACIÓN.

DEVOCIONES
DIARIAS

"FUESE LEÓN, FUESE OSO, TU SIERVO LO MATABA; Y ESTE FILISTEO INCIRCUNCISO SERÁ COMO UNO DE ELLOS, PORQUE HA PROVOCADO AL EJÉRCITO DEL DIOS VIVIENTE. AÑADIÓ DAVID: JEHOVÁ, QUE ME HA LIBRADO DE LAS GARRAS DEL LEÓN Y DE LAS GARRAS DEL OSO, ÉL TAMBIÉN ME LIBRARÁ DE LA MANO DE ESTE FILISTEO. Y DIJO SAÚL A DAVID: VE, Y JEHOVÁ ESTÉ CONTIGO" 1 SAMUEL 17:36–37.

El desarrollo de nuestra capacidad de seguir la dirección del Espíritu Santo requiere de tiempo y persistencia. Aprendemos cómo mantenernos firme en la brecha día a día, mientras:

ORAMOS. Comprométase a la oración personal y a la conexión diaria con Dios. (Tal vez sea provechoso que escriba sus oraciones en un diario.) Procure también orar por las peticiones de otras personas de su grupo pequeño.

MEMORIZAMOS. Reflexione en lo que Dios le diga acerca de mantenerse en la brecha a favor de otros, aprendiendo un pasaje de las Escrituras como el Versículo del Tema de la sesión anterior.

TENEMOS DEVOCIONES DIARIAS. Complete la sección de devociones diarias. Cada día, leerá sólo una parte de un pasaje de las Escrituras. Considere en oración lo que Dios le dice. ¡No hay prisa! Piense y reflexione. Después, escriba sus pensamientos, impresiones u oración en la sección Reflexión, bajo los versículos que lea. El sexto día, escriba un resumen de lo que ha aprendido en este estudio y que lo ha ayudado a ponerse en la brecha a favor de alguien.

DEVOCIONES
DIARIAS

Día 1.

SALMO 28:6

"Bendito sea Jehová, que oyó la voz de mis ruegos".

REFLEXIONE:

¿Por qué razón está clamando a Dios ahora mismo, pidiendo su misericordia?

Día 2.

SALMO 28:7

"Jehová es mi fortaleza y mi escudo; en él confió mi corazón, y fui ayudado".

REFLEXIONE:

Como a David en la batalla, Dios promete fortalecernos y protegernos. Hable con Él acerca del ámbito de su vida en que usted necesita fuerza, luego confíe en Él.

Día 3.

SALMO 28:7

"Por lo que se gozó mi corazón, y con mi cántico le alabaré".

REFLEXIONE:

¿Hay algún motivo por el cual usted puede alabar a Dios ahora mismo, aun si está en medio de la lucha? Anote una o dos cosas por las que usted está agradecido. ¿Qué sucede en su corazón?

Día 4.

SALMO 28:8

"Jehová es la fortaleza de su pueblo, y el refugio salvador de su ungido".

REFLEXIONE:

¿De qué maneras ha sido Dios una fortaleza sólida para usted recientemente? Dedique algún tiempo a únicamente agradecerle.

Día 5.

SALMO 28:9

"Salva a tu pueblo, y bendice a tu heredad; y pastoréales y susténtales para siempre".

REFLEXIONE:

¿Qué significa tener a Dios como Pastor? ¿Por qué cree que esta metáfora era significativa para David? ¿Qué significa para usted?

Día 6.

RESUMEN

En el espacio a continuación escriba cualquier pensamiento que Dios ha puesto en su corazón y mente acerca de cómo y dónde debe usted ponerse en la brecha, por usted mismo y por otros.

ACCIÓN

¿Cómo pondrá en acción estas reflexiones?

SESIÓN CINCO

VERSÍCULO DEL TEMA: "Por lo cual, animaos unos a otros, y edificaos unos a otros, así como lo hacéis" **1 Tesalonicenses 5:11.**

BERNABÉ

SUPO VER EL POTENCIAL OCULTO EN OTROS.

Todos nosotros pasamos por momentos donde ponemos en duda nuestro valor como persona, o nos sentimos desanimados.

En esos momentos, necesitamos a alguien que crea en nosotros, que vea nuestro potencial escondido y nos dé palabras de estímulo para nuestra vida. Tener a alguien que cree en nosotros no sólo nos hace sentir bien, también nos inspira a actuar y movernos en una dirección positiva.

Bernabé nos enseña a ver a las personas como Dios las ve. Más profundo que un elogio al paso o una sonrisa amistosa, el estímulo requiere de un amor tenaz, un optimismo persistente y una fe firme. Bernabé sabía que ser un instrumento de aliento conlleva sacrificio.

LEA *EN LA BRECHA*, CAPÍTULO 5.

COMIENCE CON ORACIÓN.

COMPARTA SU HISTORIA.

¿Se describiría usted como una persona "de vaso medio lleno" o una de "vaso medio vacío"? ¿Por qué?

Hoy hablamos de Bernabé, cuyo nombre significa "hijo de consolación". Él se puso en la brecha, y ofreció amistad a Saulo, cuando los demás no confiaban en que él hubiera cambiado realmente. ¿Puede recordar a alguien que lo animó cuando usted lo necesitaba? ¿Cómo lo animó?

Anote cualquier pensamiento, preguntas y cosas clave que usted quiera recordar.

CONVERSE ACERCA DE LO SIGUIENTE

¿Cuál de los testimonios personales fue más significativo para usted? ¿Qué lo hizo destacable para usted?

En el vídeo, encontramos a un hombre que vivió lejos de su madre porque ella era adicta a las drogas. Cuando él conoció a Cristo, sintió la necesidad de ponerse en la brecha a favor de su madre a quien no había visto en años. Piense en su familia, un hijo o hija, una sobrina o sobrino, o tal vez su cónyuge. ¿Hay alguien a quien usted ama y necesita que usted se ponga en la brecha a su favor?

Como ejemplo bíblico, Bernabé no buscó una vida fácil. Él confió en Dios quien le dio ojos para ver el corazón transformado de un ex-asesino e inspirarle vida y esperanza.

Anote cualquier pensamiento, preguntas y cosas clave que usted quiera recordar.

____

____

____

____

____

____

____

____

____

____

CONVERSE ACERCA DE LO SIGUIENTE

El pastor Choco compartió cuánto arriesgó Bernabé al ofrecer su amistad a Saulo. ¿Qué arriesgamos cuando decidimos animar a alguien?

Debido a que Saulo (antes de su encuentro con Jesús) había matado a creyentes, muchos seguidores de Jesús no confiaban en él. ¿Cómo se puso Bernabé en la brecha a favor de Saulo?

Bernabé vio el potencial de Saulo y lo animó y protegió. ¿Qué resultado produjo la fe de Bernabé en Dios y en Saulo?

Conforme pasó el tiempo, la amistad entre Bernabé y Saulo produjo un ministerio eficaz. ¿Cómo usó Dios a estos dos hombres?

¿Cómo el hecho que alguien se haya parado en la brecha a favor suyo, lo inspira a hacer lo mismo a favor de otros?

CAMBIE SU HISTORIA

DIOS QUIERE QUE SEAMOS PARTE DE SU REINO, PARA ENTRELAZAR NUESTRA HISTORIA CON LA SUYA. EL ESPÍRITU SANTO NOS AYUDA A IDENTIFICAR LAS BRECHAS EN LA VIDA DE LOS DEMÁS, Y LUEGO NOS DA LA FUERZA PARA MANTENERNOS FIRMES EN ELLAS.

Bernabé vio el potencial escondido en otros. No esperó que Saulo viniera a él. Dejó la comodidad de un ministerio próspero para encontrarse con una persona, un hombre que llevaría el evangelio a los rincones más remotos de su mundo. Cuente algún caso de alguien que se puso en la brecha a favor de otra persona, y Dios hizo algo asombroso como resultado.

REFLEXIÓN
PERSONAL

En el vídeo, el pastor Choco dijo: "Necesitamos a alguien que nos anime". Necesitamos a alguien en nuestra vida que pueda hablarnos, sin que le importe la situación que estamos pasamos. Siempre hay una palabra de aliento que podemos dar a alguien, para después ver la transformación que produce. ¿Qué le impide a usted ponerse en la brecha a favor de otros?

En su libro, el pastor Choco hace preguntas pertinentes acerca de lo que estamos dispuestos a hacer para ponernos en la brecha. En oración, considere sus respuestas a lo siguiente:

- ¿Está dispuesto a mirar más allá del acento o idioma de una persona para establecer una amistad a alguien que procede de una cultura distinta a la suya?

- ¿Está dispuesto a preocuparse tanto por las trágicas circunstancias en las que vive otra persona, que no le importe lo que piensen los demás cuando usted se acerque a ella?

- ¿Está dispuesto a sacrificar su propia comodidad para cuidar a los necesitados?

- ¿Está dispuesto a echar a un lado su agenda para seguir el plan de Dios, que consiste en amar a "los más pequeñitos"?

ORACIÓN
TODOS JUNTOS

¿Hay algo específico por lo que el grupo pueda orar a su favor?
(Añada aquí las peticiones de otras personas.)

CONCLUYA EN ORACIÓN.

DEVOCIONES

**"POR LO CUAL, ANIMAOS UNOS A OTROS, Y EDIFICAOS UNOS A OTROS, ASÍ COMO LO HACÉIS"
1 TESALONICENSES 5:11.**

El desarrollo de nuestra capacidad de seguir la dirección del Espíritu Santo requiere de tiempo y persistencia. Aprendemos cómo mantenernos firme en la brecha día a día, mientras:

ORAMOS. Comprométase a la oración personal y a la conexión diaria con Dios. (Tal vez sea provechoso que escriba sus oraciones en un diario.) Procure también orar por las peticiones de otras personas de su grupo pequeño.

MEMORIZAMOS. Reflexione en lo que Dios le diga acerca de mantenerse en la brecha a favor de otros, aprendiendo un pasaje de las Escrituras como el Versículo del Tema de la sesión anterior.

TENEMOS DEVOCIONES DIARIAS. Complete la sección de devociones diarias. Cada día, leerá sólo una parte de un pasaje de las Escrituras. Considere en oración lo que Dios le dice. ¡No hay prisa! Piense y reflexione. Después, escriba sus pensamientos, impresiones u oración en la sección Reflexión, bajo los versículos que lea. El sexto día, escriba un resumen de lo que ha aprendido en este estudio y que lo ha ayudado a ponerse en la brecha a favor de alguien.

DEVOCIONES
DIARIAS

Día 1.

1 TESALONICENSES 5:12

"Os rogamos, hermanos, que reconozcáis a los que trabajan entre vosotros, y os presiden en el Señor, y os amonestan".

REFLEXIONE:

Las personas que "lo exhortan" son aquellas que lo alientan y lo corrigen. ¿Cuánta con este tipo de personas en su vida? Si no las tiene, ore y pida a Dios que le conceda esta clase de relación espiritual.

Día 2.

1 TESALONICENSES 5:13

"Y que los tengáis en mucha estima y amor por causa de su obra. Tened paz entre vosotros".

REFLEXIONE:

¿Conoce a alguien que necesite saber "que los [tenéis] en mucha estima"? ¿Cómo los alentaría esto?

Día 3.

1 TESALONICENSES 5:14

"También os rogamos, hermanos, que amonestéis a los ociosos, que alentéis a los de poco ánimo, que sostengáis a los débiles, que seáis pacientes para con todos".

REFLEXIONE:

¿Quién es aquel que está desalentado? (Tal vez es alguien a quien nadie desea tener como amigo.) ¿Cómo podría usted animar a esa persona y ser paciente con ella?

Día 4.

1 TESALONICENSES 5:16

"Mirad que ninguno pague a otro mal por mal; antes seguid siempre lo bueno unos para con otros, y para con todos".

REFLEXIONE:

¿De qué manera nuestro esfuerzo de hacer lo que es bueno para otros sería una forma de animarlos sin decir nunca una palabra? ¿De qué maneras específicas puede usted hacer el bien a los demás?

Día 5.

1 TESALONICENSES 5:16–18

"Estad siempre gozosos. Orad sin cesar. Dad gracias en todo, porque esta es la voluntad de Dios para con vosotros en Cristo Jesús".

REFLEXIONE:

¿Cómo el hacer las cosas que se mencionan en estos versículos lo ayudará a animar a otros y a usted mismo en su fe?

Día 6.

RESUMEN

En el espacio a continuación escriba cualquier pensamiento que Dios ha puesto en su corazón y mente acerca de cómo y dónde debe usted ponerse en la brecha, por usted mismo y por otros.

ACCIÓN

¿Cómo pondrá en acción estas reflexiones?

VERSÍCULO DEL TEMA: "Y el ángel de Jehová se le apareció, y le dijo: Jehová está contigo, varón esforzado y valiente" **Jueces 6:12.**

GEDEÓN

FUE SENSIBLE A LA VOZ DE DIOS.

Si alguna vez hubo un héroe improbable, ese fue Gedeón. Mientras estaba "sacudiendo el trigo en un lagar", es visitado por un ángel que lo llama "varón esforzado y valiente". Las reacciones inmediatas de Gedeón muestran que él era cualquier cosa menos fuerte. Él discute con el ángel, diciéndole que el plan de batalla nunca resultará, y se pregunta por qué él, de entre todo el pueblo, fue elegido para esta tarea.

Dios podía haber acabado con los madianitas. En cambio, Dios llama a Gedeón para ponerse en la brecha y obedecerle. Como Gedeón, la manera en que nos vemos a nosotros mismos —nuestra poca confianza, nuestros

LEA *EN LA BRECHA*, CAPÍTULO 7.*

sentimientos de insuficiencia—no es importante a los ojos de Dios. Él usa al débil para avergonzar al fuerte, y puede convertir a cualquier persona en un poderoso guerrero. ¿Cuánto tiempo dedica usted a discutir con Dios cuando Él lo llama a hacer algo que piensa que está más allá de sus capacidades? No sería más lógico invertir nuestra energía en averiguar exactamente lo que Dios nos está llamando a hacer, en vez de discutir con Él acerca de ello?

COMIENCE CON ORACIÓN.

* No todos los capítulos del libro forman parte de este estudio.

Establecemos **COMUNIDAD** y **CONEXIÓN**

AL COMPARTIR NUESTRAS HISTORIAS,

Y NUESTRAS EXPERIENCIAS con **DIOS.**

¿Ha tenido usted alguna vez que ser más valiente de lo que creyó posible? Comparta con el grupo acerca de esa ocasión. ¿Qué sucedió?

¿Qué nos impide creer en nosotros mismos y en nuestras capacidades?

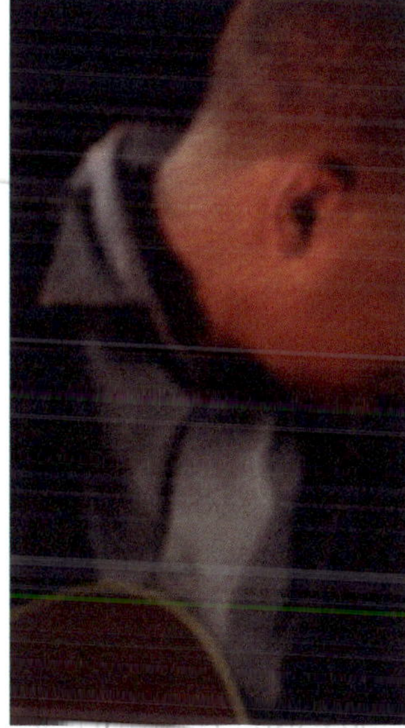

Anote cualquier pensamiento, preguntas y cosas clave que usted quiera recordar.

CONVERSE ACERCA DE LO SIGUIENTE

En el vídeo, se presentan dos testimonios que reflejan "casos perdidos" según el concepto humano: un matrimonio y una vida. ¿Qué importancia tiene que alguien hubiera escuchado la voz de Dios y se hubiera puesto en la brecha a favor de estos "casos perdidos"?

¿Piense en algún "caso perdido" con que usted se encuentra a diario? ¿Qué puede hacer usted para revertir esa condición?

Además de la oración, ¿qué más puede hacer para pararse en la brecha a favor de estas personas?

ESCUCHE LA HISTORIA DE DIOS.

¿CÓMO PODEMOS LLEGAR A SER PARTE DE LA HISTORIA DE DIOS? AL ALINEAR NUESTRA HISTORIA CON LA SUYA.

COMO EJEMPLO BÍBLICO, GEDEÓN NOS RECUERDA QUE A VECES DIOS CONVIERTE A COBARDES EN HÉROES.

Anote cualquier pensamiento, preguntas y cosas clave que usted quiera recordar.

CONVERSE ACERCA DE LO SIGUIENTE

El pastor Choco comparte que Gedeón era una persona temerosa y que no tenía una muy buena imagen de sí mismo, y luego un ángel que lo llama "varón esforzado y valiente". Dios piensa así de nosotros también. ¿Por qué es difícil para nosotros creer esto?

LEA JUECES 6:11-16

Mientras lee esta historia, ¿cómo describiría usted a Gedeón?

¿De qué acusa Gedeón a Dios?

¿Qué dice Gedeón acerca de sí mismo? ¿Por qué piensa usted que él tenía tan baja autoestima?

¿Qué le promete Dios a Gedeón?

Gedeón salió de su escondrijo y comenzó a cumplir la obra del Señor. ¿De qué escondrijo lo podría Dios estar llamando a usted? ¿Qué obra lo está llamando Él a hacer?

CAMBIE SU HISTORIA

DIOS QUIERE QUE SEAMOS PARTE DE SU REINO, PARA ENTRELAZAR NUESTRA HISTORIA CON LA SUYA. EL ESPÍRITU SANTO NOS AYUDA PARA IDENTIFICAR LAS BRECHAS EN LA VIDA DE LOS DEMÁS, Y LUEGO NOS DA LA FUERZA PARA MANTENERNOS FIRMES EN ELLAS.

Le tomó algún tiempo a Gedeón creer que Dios realmente lo podría convertir en un varón esforzado y valiente. En su libro, el pastor Choco nos recuerda que la conversación con uno mismo —sobre todo después de que hemos experimentado el fracaso o el rechazo — dice mucho acerca de lo que realmente creemos acerca de Dios y de nosotros mismos. ¿De qué manera la historia de Gedeón muestra esto?

¿Ha visto a alguna persona luchar con una conversación negativa acerca de sí mismo? ¿Qué podría hacer una persona para superar tal limitación?

REFLEXIÓN
PERSONAL

En el vídeo, oímos: "Dios no ve nuestra situación actual; Él ve nuestro futuro o lo que estamos destinados a ser". ¿Qué ve Dios cuando lo mira a usted?

En su libro, el pastor Choco nos recuerda: "No deje que las heridas y los temores del pasado sean los que dicten su presente y su futuro. Escuche la voz de Dios. Sea fuerte y valiente. Dios todavía nos habla. ¿Lo escucha poderoso guerrero?" Haga una pausa ahora y escuche la voz de Dios. Pida que Él lo ayude a verse como guerrero suyo.

ORACIÓN
TODOS JUNTOS

Comparta con su grupo cómo Dios ha cambiado su historia durante este estudio. ¿Se pondrá usted en la brecha?

¿Qué batalla está usted enfrentando que no tiene manera de ganar a menos que Dios lo ayude? ¿Hay algo específico por lo que el grupo pueda orar a su favor? (Añada aquí las peticiones de otras personas.)

CONCLUYA CON ORACIÓN.

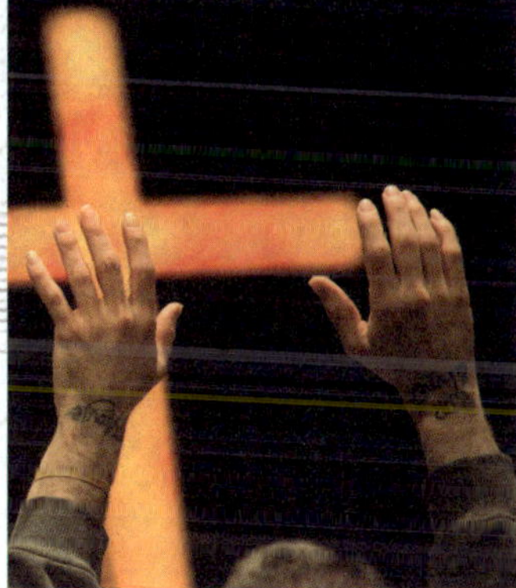

DEVOCIONES
DIARIAS

**"Y EL ÁNGEL DE JEHOVÁ SE LE APARECIÓ, Y LE DIJO: JEHOVÁ ESTÁ CONTIGO, VARÓN ESFORZADO Y VALIENTE"
JUECES 6:12.**

El desarrollo de nuestra capacidad de seguir la dirección del Espíritu Santo requiere de tiempo y persistencia. Aprendemos cómo mantenernos firme en la brecha día a día, mientras:

ORAMOS. Comprométase a la oración personal y a la conexión diaria con Dios. (Tal vez sea provechoso que escriba sus oraciones en un diario.) Procure también orar por las peticiones de otras personas de su grupo pequeño.

MEMORIZAMOS. Reflexione en lo que Dios le diga acerca de mantenerse en la brecha a favor de otros, aprendiendo un pasaje de las Escrituras como el Versículo del Tema de la sesión anterior.

TENEMOS DEVOCIONES DIARIAS. Complete la sección de devociones diarias. Cada día, leerá sólo una parte de un pasaje de las Escrituras. Considere en oración lo que Dios le dice. ¡No hay prisa! Piense y reflexione. Después, escriba sus pensamientos, impresiones u oración en la sección Reflexión, bajo los versículos que lea. El sexto día, escriba un resumen de lo que ha aprendido en este estudio y que lo ha ayudado a ponerse en la brecha a favor de alguien.

DEVOCIONES
DIARIAS

Día 1.

SALMO 44:4

"Tú, oh Dios, eres mi rey; manda salvación a Jacob".

REFLEXIONE:

¿Qué victorias necesita que Dios le dé? ¿En qué ámbito está usted luchando por confiar que Él vendrá a ayudarlo?

Día 2.

SALMO 44:5

"Por medio de ti sacudiremos a nuestros enemigos; en tu nombre hollaremos a nuestros adversarios".

REFLEXIONE:

¿Qué adversarios y enemigos enfrenta usted ahora mismo (pueden ser cosas intangibles como temor, duda, inseguridad)? ¿Qué promete Dios en este versículo?

Día 3.

SALMO 44:6

"Porque no confiaré en mi arco, ni mi espada me salvará".

REFLEXIONE:

¿Qué dice este versículo acerca de nuestros propios esfuerzos para librar las batallas de la vida?

Día 4.

SALMO 44:7

"Pues tú nos has guardado de nuestros enemigos, y has avergonzado a los que nos aborrecían".

REFLEXIONE:

¿De qué manera el hecho de que Dios esté a nuestro lado mientras libramos las batallas de la vida marca una diferencia?

Día 5.

SALMO 44:8

"En Dios nos gloriaremos todo el tiempo, y para siempre alabaremos tu nombre".

REFLEXIONE:

Pase algún tiempo sólo alabando a Dios. Luego, piense en esto: ¿Cómo puede usted gloriarse respecto a Dios hoy cuando hable con otras personas?

Día 6.

RESUMEN

En el espacio a continuación escriba cualquier pensamiento que Dios ha puesto en su corazón y mente acerca de cómo y dónde debe usted ponerse en la brecha, por usted mismo y por otros.

ACCIÓN

¿Cómo pondrá en acción estas reflexiones?

AYUDAS ADICIONALES

CAPACITACIÓN
DE LIDERAZGO 101

¡FELICITACIONES! USTED HA RESPONDIDO AL LLAMADO DE AYUDAR AL PASTOREO DEL REBAÑO DE JESÚS. HAY OTRAS POCAS TAREAS EN LA FAMILIA DE DIOS QUE SUPERAN A LA CONTRIBUCIÓN QUE USTED HARÁ. MIENTRAS SE PREPARA PARA DIRIGIR, YA SEA UNA SESIÓN O LA SERIE COMPLETA, A CONTINUACIÓN SE PRESENTAN ALGUNOS PENSAMIENTOS QUE TENER PRESENTE. LO ANIMAMOS A LEERLOS Y EXAMINARLOS CON CADA NUEVO LÍDER DE GRUPO ANTES DE QUE LA PERSONA DIRIJA.

1 Recuerde que usted no está solo. Dios sabe todo sobre usted, y Él sabía que le pediría dirigir su grupo. Recuerde que es común que todos los buenos líderes piensen que no están preparados para dirigir. Moisés, Salomón, Jeremías y Timoteo, todos ellos estaban poco dispuestos a dirigir. Dios promete, "No te desampararé, ni te dejaré" (Hebreos 13:5). Si usted dirige por una noche, durante varias semanas, o por toda la vida, será bendecido mientras sirve.

2 No trate de hacerlo a través de sus propios esfuerzos. Ore ahora mismo para que Dios lo ayude a establecer un sano equipo de liderazgo. Si puede alistar un asistente de líder para ayudarlo a dirigir el grupo, encontrará que su experiencia es mucho más enriquecedora. Esta es su oportunidad de lograr la participación de tantas personas como pueda, para establecer un grupo sano. Todo lo que usted tiene que hacer es llamar y pedir a las personas que ayuden. Se sorprenderá de la respuesta.

3 Sólo sea natural. Si usted no es usted mismo, ¿quién lo será? Dios quiere usar sus dones y temperamento únicos. No trate de hacer las cosas exactamente como las hace otro líder; ¡hágalas de una manera que encaje con su personalidad! Cuando no tenga una respuesta, sólo admítalo; y pida perdón cuando cometa un error. ¡Su grupo lo amará por ello, y dormirá mejor por la noche!

4 Prepárese de antemano para su reunión. Examine la sesión del DVD y las notas del líder en esta guía, y anote sus respuestas para cada pregunta. Preste especial atención a los ejercicios que piden que los miembros del grupo hagan algo más que tomar parte en la conversación.

Estos ejercicios ayudarán a su grupo a vivir lo que la Biblia enseña, no sólo a hablar de ella. Asegúrese de que entiende lo que se espera de un ejercicio, y traiga cualquier provisión necesaria (tal como papel y lápices) a su reunión. Finalmente examine el "Bosquejo de cada sesión" (página 6) de manera que recuerde el objetivo de cada sección en el estudio.

5 Ore por los miembros de su grupo, mencionándolos por nombre. Antes de que comience su sesión, recorra el cuarto de reunión en su mente y ore identificando cada miembro por su nombre. Pudiera querer examinar la lista de oración al menos una vez por semana. Pida que Dios use su tiempo juntos para tocar el corazón de cada persona de manera particular. Espere que Dios lo dirija a quienquiera que Él desea que usted anime o desafíe de una manera especial. ¡Si usted escucha, Dios seguramente dirigirá!

6 Cuando haga una pregunta, sea paciente. Alguien al final responderá. A veces la gente necesita un momento de silencio para pensar en la pregunta, y si el silencio no le molesta a usted, no molestará a nadie más. Después de que alguien responda, afirme la respuesta con un simple "gracias" o "bien dicho". Luego pregunte: "¿Algo más?" o "¿Desea alguien que no ha compartido añadir algo?" Sea sensible a las personas nuevas o miembros reacios que no están preparados para hablar u orar en un ambiente de grupo. Si les da un ambiente de confianza, ellos florecerán con el tiempo.

7 Proporcione transiciones entre preguntas. Al dirigir la conversación, siempre lea en voz alta los párrafos de transición y las preguntas. Pregunte al grupo si a alguien le gustaría leer el párrafo o el pasaje de la Biblia. No indique a nadie, sino pida a un voluntario, y luego sea paciente hasta que alguien comience. Asegúrese de agradecer a la persona que lee en voz alta.

8 Divídase en grupos más pequeños cada semana, o la gente no permanecerá interesada. Si su grupo tiene más de siete personas, lo animamos fuertemente a que el grupo se junte a veces en círculos de conversación de tres o cuatro personas durante la sección del estudio Comparta su historia. Con una mayor oportunidad de hablar en un pequeño círculo, las personas se conectarán más con el estudio, aplicarán con mayor rapidez lo que aprenden, y por último sacarán más provecho de ello. Un círculo pequeño anima también a una persona tímida a participar, y tiende a minimizar los efectos de un miembro más hablador o dominante. También puede ayudar a las personas a sentirse más amadas en su grupo. Cuando se una el grupo completo otra vez al final de la sección, puede pedir que una persona resuma las reflexiones principales de cada círculo.

Los círculos pequeños también son provechosos durante el tiempo de oración. La gente poco acostumbrada a la oración en voz alta se sentirá más cómoda intentándolo con sólo dos o tres personas más. También, las peticiones de oración no tomarán mucho tiempo, por tanto los círculos tendrán más tiempo para dedicarse a orar. Cuando se una el grupo completo otra vez, puede pedir que una persona de cada círculo comparta brevemente las peticiones de oración. Las personas están más dispuestas a orar en círculos pequeños si saben que el grupo entero oirá todas las peticiones de oración.

AL DIRIGIR
POR PRIMERA VEZ

Un poco de nerviosismo es un signo saludable. La Biblia dice que Dios manifiesta gracia con el humilde. Recuerde quién está en control; si se siente inadecuado, probablemente es un buen signo. Aquellos que son sensibles en su corazón (y están algo nerviosos) son aquellos a través de los cuales Dios seguramente hablará.

Busque apoyo. Pida que su líder, asistente de líder, o amigo cercano que oren por usted y se preparen con usted antes de la sesión. El repaso previo del estudio lo ayudará a anticipar temas de conversación y preguntas potencialmente difíciles.

Aporte su carácter distintivo al estudio. Apóyese en lo que usted es, y cómo Dios quiere que usted dirija el estudio de manera única.

Prepárese. Prepárese. Prepárese. Repase la sesión varias veces. Si usa el DVD, escucha el segmento de enseñanza y luego escoja las preguntas sobre las que usted desea conversar.

Pida realimentación para que pueda crecer. Quizás a través de un correo electrónico o en tarjetas repartidas en el estudio, haga que cada uno de los miembros del grupo escriba tres cosas que usted hizo bien y una cosa que podría mejorar. No se ponga a la defensiva, sino muestre disposición de aprender y crecer.

En oración considere comenzar un nuevo grupo. Esto no tiene que suceder de la noche a la mañana, pero el propósito de Dios es que esto suceda con el tiempo. No todos los cristianos son llamados para ser líderes o maestros, pero todos somos llamados para ser algún día "pastores" de unos pocos.

Comparta con su grupo lo que Dios está haciendo en su corazón. Dios busca a aquellos cuyo corazón son totalmente de Él. Comparta sus pruebas y victorias. Prometemos que la gente se identificará.

CÓMO SER **ANFITRIÓN** DE UNA CASA ABIERTA

Si usted está comenzando un grupo nuevo, trate de planear un evento de casa abierta antes de la primera reunión formal del grupo. Aun si tiene sólo dos o cuatro miembros principales, es una gran manera romper el hielo y considerar en oración quien más podría estar dispuesto a acompañarle durante las próximas semanas. También puede usar esta partida inicial para repartir guías de estudio, pasar algún tiempo conociéndose unos a otros, conversar de las expectativas de cada persona para con el grupo, y orar brevemente unos por otros.

Una comida sencilla o unos buenos postres siempre hacen más atractiva una partida inicial. Después de que la gente se presente y comparta cómo llegaron a ser parte de la reunión (¡puede hacer un juego para ver quién tiene la historia más insólita!), haga que cada uno responda algunas preguntas para romper el hielo: "¿Cuáles son sus vacaciones familiares favoritas?" o "¿Qué es lo que más le gusta en su iglesia o nuestra comunidad?" o "¿Cuáles son las tres cosas en su vida que se están desarrollando, que la mayor parte de personas aquí no sabe?"

Después, solicite que cada uno diga lo que él o ella esperan obtener con el estudio. Usted podría querer examinar el Acuerdo de Grupo Pequeño (página 114), y hablar de las expectativas y prioridades de cada persona.

Finalmente, ponga una silla vacía (tal vez dos) en el centro de su grupo, y explique que representa a alguien que disfrutaría o se beneficiaría de este grupo, pero que no está aquí aún. Pida que las personas oren sobre a quién podrían invitar, para unirse al grupo durante las próximas semanas. Reparta tarjetas postales y haga que cada uno escriba una invitación o dos. No se preocupe si llegan demasiadas personas; siempre puede tener un círculo de discusión en la sala de estar y el otro en el comedor después de que usted vea la sesión. Cada grupo podría presentar entonces peticiones de oración, y avanzar al final de sesión.

Usted puede saltarse esta reunión de partida inicial si su tiempo es limitado, pero experimentará una ventaja enorme si toma tiempo para relacionarse de esta manera con los miembros del grupo.

PREGUNTAS FRECUENTES SOBRE GRUPOS PEQUEÑOS

¿Qué hacemos en la primera noche de reunión de nuestro grupo?
Como todas las cosas divertidas en la vida ¡tenga un festejo!
Un café, comida, o noche de postre "para conocerse" es una
gran manera partir con un nuevo estudio. Puede que usted
quiera examinar el Acuerdo de Grupo Pequeño (página 114) y
compartir los nombres de algunos amigos que podría invitar para
acompañarle. Sin embargo, lo más importante es que tenga un
tiempo divertido antes de que su tiempo de estudios comience.

¿Dónde encontramos nuevos miembros para nuestro grupo?
Lo animamos a orar con su grupo, y luego elaborar en conjunto
una lista de personas del trabajo, la iglesia, su vecindario, la escuela
de sus hijos, la familia, el gimnasio, etcétera. Luego, haga que cada
miembro del grupo invite a varias de las personas de la lista.

No importa cómo encuentra usted a los participantes, es esencial
que se mantenga atento para ver qué personas nuevas pueden
afiliarse a su grupo. Todos los grupos tienden a un desgaste natural
—como resultado de mudanzas, nuevos líderes, oportunidades del
ministerio, etcétera— y si el grupo se vuelve demasiado pequeño,
podría estar en peligro de cierre. Si usted y su grupo permanecen
abiertos, se asombrará de las personas que Dios pondrá en su
camino. La siguiente persona podría convertirse en un amigo de
por vida. ¡Usted nunca sabe!

¿Por cuánto tiempo se reunirá este grupo?
Depende totalmente del grupo una vez que termine este estudio
de tres semanas. La mayor parte de los grupos se reúne cada
semana durante al menos las seis primeras semanas, pero cada dos
semanas puede funcionar también.

Al final de este estudio, cada miembro del grupo puede decidir
si quiere seguir reuniéndose para otro estudio de seis semanas.
Algunos grupos establecen relaciones que duran años, y otros son
escalones para otra experiencia de grupo. Como sea, disfrute del
tiempo juntos.

¿Qué si este grupo no funciona para nosotros?
¡Usted no está solo! Esto podría suceder como resultado de un conflicto de personalidad, diferencia de etapa en la vida, distancia geográfica, nivel de madurez espiritual o cualquier otra cosa. Relájese. Ore para recibir la dirección de Dios, y al final de este estudio de seis semanas, decida si desea seguir con este grupo o encontrar otro. Usted no compra el primer coche que ve o se casa con la primera persona con la que tiene una cita, y lo mismo sucede con un grupo. No se rinda antes de que las seis semanas se cumplan, Dios podría tener algo que enseñarle. También, no huya del conflicto o prejuzgue a las personas antes de haberles dado una posibilidad. ¡Todavía Dios está obrando en usted también!

¿Cómo manejamos las necesidades del cuidado de los niños en nuestro grupo?
Sugerimos que consulte con el grupo abiertamente para encontrar soluciones en conjunto. Usted puede intentar una opción que funcione por algún tiempo, y luego adaptarla a largo plazo. Nuestro enfoque favorito es que los adultos se reúnan en la sala de estar o comedor, y compartan el costo de una niñera (o dos) que puedan estar con los niños en una parte diferente de la casa. De esta manera, los padres no tienen que estar lejos de sus hijos toda la tarde, cuando sus hijos son demasiado jóvenes para dejarlos en casa. Una segunda opción es usar una casa para los niños, y una segunda casa (cerca o fácil de contactar) para los adultos. Una tercera idea es turnarse en la responsabilidad de proporcionar una lección o cuidar de los niños en la misma casa, o en otra casa cercana. Esto puede ser una bendición increíble para los niños. Finalmente, la idea más común es decidir que usted tiene que invertir una noche en su vida espiritual, individualmente o como matrimonio, y hacer sus propios preparativos para el cuidado de los hijos. No importa que decisión tome el grupo, el mejor enfoque es el diálogo abierto, tanto acerca del problema como sobre la solución.

ACUERDO DE
GRUPOS PEQUEÑOS

Nuestras expectativas:

Proporcionar un ambiente previsible, donde los participantes experimenten una comunión y crecimiento espiritual auténticos.

Asistencia al grupo	Dar prioridad a la reunión del grupo. Llamaremos o enviaremos un mensaje electrónico si llegaremos tarde o no asistiremos a la reunión. (Completar el Calendario del grupo minimizará este problema.
Ambiente sano	Ayudar a crear un ambiente sano, donde las personas puedan ser escuchadas y se sientan amadas (Por favor, no dé respuestas rápidas, juicios precipitados, o soluciones simples.)
Respeto por las diferencias	Ser amable y considerado con las personas de diferente madurez espiritual, opiniones personales, temperamentos, o "imperfecciones" de los otros miembros del grupo. Todos estamos empeñados en progresar.
Confidencialidad	Mantener todo lo que se comparte bajo estricta confidencialidad y dentro del grupo, y evite compartir información impropia acerca de personas que no son parte del grupo.
Aliento para crecer	Ser no sólo receptores sino impartidores de vida. Queremos multiplicar espiritualmente nuestra vida, al servir a los demás con los dones que Dios nos otorgó.
Propiedad compartida	Recordar que cada miembro es un ministro, y asegurarse de que cada asistente tendrá un pequeño papel de liderazgo o responsabilidad con el tiempo.
Alternar anfitriones, líderes y hogares	Alentar a personas diferentes a servir como anfitriones en sus hogares. Y alternar la responsabilidad de facilitar cada reunión (Véase el Calendario del grupo pequeño)

Nuestro tiempo juntos:

- Merienda: ____
- Cuidado de los niños_______________________________________
- Día de reunión (día de la semana)___________________________
- Lugar de reunión ____
- La reunión comenzará a las ______________ y terminará a las ______________
- Haremos nuestro mayor esfuerzo para hacer que todos o algunos de nosotros asistamos juntos a un culto de adoración

  La hora principal de nuestro culto de adoración será_______________
- Fecha de este acuerdo____________________________________
- Fecha en que repasaremos este acuerdo______________________
- Quién (además del líder) repasará este acuerdo al final del estudio ______________
____

ESTRUCTURA DE
LA REUNIÓN

Los grupos pequeños se reúnen no sólo para responder preguntas o para estudiar un texto, también para profundizar su comunión con Dios y entre sí. Sugerimos que cada reunión incluya no solo estudio, sino también momentos para compartir, orar y adorar. Cada semana, incluya los siguientes elementos:

COMPARTIR

En su primera o segunda sesión, utilice el diagrama Círculos de vida que aparece en la página siguiente, para escribir los nombres de dos o tres personas que usted conoce y que necesitan conocer a Cristo. Comprométase a orar por la dirección de Dios, y una oportunidad para compartir con cada una de ellas. En reuniones posteriores, compruebe cómo los miembros del grupo están logrando alcanzar a las personas cuyos nombres han escrito en su diagrama de círculos.

ORACIÓN

Permita que todos respondan a esta pregunta: "¿Cómo podemos orar por usted esta semana?" Asegúrese de escribir las peticiones de oración en el segmento de oración de cada sesión.

ADORACIÓN

Dedique unos minutos para adorar juntos a Dios. Aquí hay dos ideas:

- Que alguien utilice sus dones musicales para dirigir al grupo en una canción de adoración. Puede tratar de cantar a capela, utilizando un CD de adoración, o que alguien acompañe el canto con un instrumento musical.

- Lean un pasaje de las Escrituras juntos, que sea un tiempo de alabanza y adoración mientras las palabras le recuerdan todo lo que Dios ha hecho por usted. Escoja un salmo u otro versículo favorito.

CÍRCULOS DE VIDA

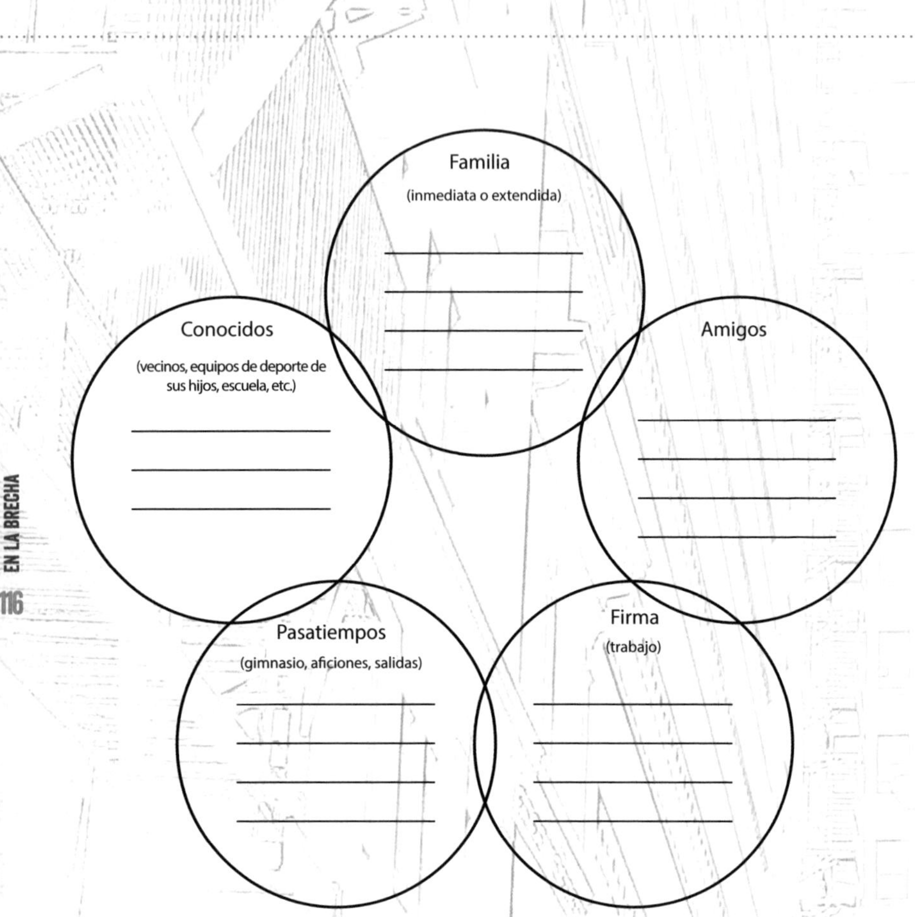

ACERCA DEL AUTOR

Conocido por todos como el "Pastor Choco", Wilfredo de Jesús es el Pastor principal de la iglesia New Life Covenant, en Chicago. Bajo el liderazgo del Pastor Choco, New Life Covenant se ha convertido en la iglesia más grande de la Fraternidad de las Asambleas de Dios en los Estados Unidos.

Wilfredo nació y creció en la comunidad de Humboldt Park, en Chicago. Cuando tenía diecisiete años, recibió a Jesús como Señor y Salvador en una pequeña iglesia pentecostal de habla hispana de la comunidad. A partir de aquel momento, su vida quedó transformada para siempre.

Permaneció en aquella misma iglesita durante veinte años, antes de ser nombrado Pastor Principal en julio del año 2000. Desde entonces, la iglesia ha crecido de una asistencia semanal de ciento veinte personas a diecisiete mil a nivel mundial a través de la fundación de iglesias y más de ciento treinta ministerios que alcanzan a los más necesitados de la sociedad: los quebrantados de corazón, los pobres, los que carecen de un techo, las prostitutas, los drogadictos y los miembros de las pandillas.

El Rvdo. De Jesús ha contribuido decisivamente al desarrollo de varios programas para la comunidad, tales como New Life Family Center, que opera un refugio para mujeres con hijos sin techo. Algunos otros ministerios vitales de la iglesia incluyen la Chicago Master's Commission, un programa de aprendizaje intensivo para estudiantes de edad universitaria, y el Chicago Dream Center, que ofrece varios programas y servicios para ayudar a personas y familias a alcanzar la autosuficiencia, y vencer la pobreza y sus malos efectos.

La visión del pastor Choco es sencilla: Ser una iglesia para los heridos que alcanza personas para Jesús.

En 2012, Wilfredo publicó su primer libro, Fe asombrosa, en el cual comparte la historia de su vida y su mensaje: "Nadie está

fuera del alcance del poder transformador del amor de Dios. Cuando dejamos que Dios llene nuestros corazones de su amor, fuerza y propósito, estamos completos".

En abril de 2013, De Jesús fue nombrado por la revista TIME como una de las 100 personas más influyentes en el mundo, y es reconocido por su liderazgo e influencia en el ámbito latino y evangélico. Él quiere que otros entiendan que sus logros están basados en una vida dedicada a Dios y sus propósitos. En otras palabras, cualquiera sea el logro, ¡a Dios sea la gloria!

De Jesús es frecuentemente invitado como orador motivacional en variados eventos de la iglesia, conferencias de liderazgo y asambleas, a través de la nación y en el extranjero. Él reside en la comunidad del Parque Humboldt de Chicago con su esposa Elizabeth. Ellos tienen tres hijos, Alexandría, Yesenia, y Wilfredo, y un yerno, Anthony Gómez.

 pastorwilfredodejesus

PastorChoco

OTROS RECURSOS DE WILFREDO DE JESÚS

En la brecha, libro (Spanish) 978-1-93830-992-2

En la brecha, ePDF (Spanish) 978-1-93830-993-9

En la brecha, epub (Spanish) 978-1-93830-994-6

En la brecha, guía de estudio (Spanish)

978-1-62912-098-0

In the Gap book (English) 978-1-93830-989-2

In the Gap ePDF (English) 978-1-93830-990-8

In the Gap epub (English) 978-1-93830-991-5

In the Gap study guide (English) 978-1-62912-097-3

Fe asombrosa, libro (Spanish) 978-1-93783-058-8

Fe asombrosa, ePDF (Spanish) 978-1-93783-059-5

Fe asombrosa, epub (Spanish) 978-1-93783-060-1

Amazing Faith book (English) 978-1-93669-995-7

Amazing Faith ePDF (English) 978-1-93669-996-4

Amazing Faith epub (English) 978-1-93669-997-1

Para mayor información acerca de estos libros visite
www.influenceresources.com